Kleine Malschule

Malen mit Aquarellfarben 3

Kreative Techniken

Christophorus-Verlag · Freiburg i. Br.

John Blockley

Christophorus-Verlag · Freiburg i. Br.

Einführung

Die Aquarellmalerei bereitet so große Freude wegen ihrer Transparenz und der fließenden Farben. Mein eigenes Schaffen gründet sich darauf: Ich mische bzw. rühre die Farben an mit reichlich Wasser und überziehe (lasiere) damit schnell möglichst große Flächen, um dann mit weniger Wasser die Formen und Umrisse im Bild aufzubauen. Ich male Naß-in-Naß und erlebe stets von neuem die Freude, wie ein Bild beim Arbeiten auf unterschiedlich feuchtem Papier heranwächst. Ich experimentiere viel und versuche Wege zu finden, die auf dieser fundamentalen Technik aufbauen und es mir ermöglichen, die Besonderheiten der mich interessierenden Landschaft auszudrücken. So sehr es mir daran liegt, die Formen und Farben der wesentlichen Bestandteile darzustellen, so sehr halte ich auch Ausschau nach abstrakten Eigenschaften, wie Oberflächenstruktur, Rauheit, Glätte und besonders scharfe oder undeutliche Kanten: wie z. B. die gesprenkelte Oberfläche von verwittertem Gestein oder der Glanz eines Lichtstrahls auf einem Findling.

Wichtige Einzelheiten gebe ich genau wieder und bette sie ein in eine weichere, unscharfe Darstellung. Das Aquarell „Landhaus" auf S. 6 und 7 zeigt einige typische Techniken. Ich habe es unvollendet gelassen, um darzulegen, wie ich helle Flächen ausspare: Bevor ich mit dem eigentlichen Malen beginne, pinsele ich *Abdeckflüssigkeit* (z. B. Rubbel-Krepp) über das Dach, die Türen und die Flächen im Vordergrund. Wenn sie getrocknet ist, überziehe ich das gesamte Blatt mit stark verdünnten Farben und lasse diese ebenfalls trocknen. Dann reibe ich mit der Fingerspitze den zurückgebliebenen Rubbel-Krepp-Film fort, und das freigelegte Papier kann ich danach tönen, wie ich es wünsche. Dadurch erspare ich mir, sorgfältig und zeitraubend um jede helle Fläche herumzumalen und erleichtere mir den üblichen Arbeitsvorgang des Lasie-

rens. Die Feinheiten an den Fenstern zeichne ich mit einer Tuschfeder, die ich in verdünnte *Abdeckflüssigkeit* tauche. Wenn ich mit einer gefüllten Tuschfeder auf das Papier spritze, bekomme ich deutlich begrenzte Lichtflekken.

Diese Abdecktechnik schafft sehr harte Kanten. Um die dunklen Flecken (im Vordergrund auf dem unteren Bild) zu bekommen, tauche ich das Griffende des Pinsels in feuchte Farbe und drücke es vorsichtig in die noch feuchte Grundfarbe: dadurch bekomme ich weiche, etwas verlaufende Farbflecken. Um die hellen Grashalme darzustellen, nehme ich das trockene Ende eines Pinselgriffs und ziehe ihn durch die noch feuchte Farbe. Weich abgegrenzte helle Partien bekomme ich durch Löschpapier, wenn ich mit einer Ecke oder mit einem Pinselgriff und der Zeigefingerspitze, die mit einem Lappen umwickelt sind, die noch feuchte Farbe aufsauge. Manchmal nehme ich sogar eine Ecke meiner Strickjacke, falls kein Lappen zur Hand ist.

Um die unregelmäßige, gefleckte Oberfläche der Hauswand darzustellen, reibe ich hier und da mit einer Wachskerze auf dem trockenen Papier. Das auf der rauhen Papieroberfläche zurückbleibende Wachs isoliert gegen einen späteren Farbauftrag.

Die in diesem Buch wiedergegebenen Aquarelle sind in verschiedenen Kombinationen dieser Verfahren hergestellt worden, und ich habe aus den fertigen Bildern Ausschnitte gewählt, um sie in den Einzeldarstellungen besser zeigen zu können. All die angeführten Techniken entwickelte ich aus einem tiefen, inneren Verhältnis der Struktur einer Landschaft gegenüber, und ich möchte meinen, daß sie die traditionellen Methoden der Aquarellmalerei erweitern.

Malanleitung

Format: 216 x 216 mm; Papier: Bockingford 295 g; Pinselgrößen 12, 8, 6.

1. Stufe
Diese Anleitung zeigt den Gebrauch der Abdeckflüssigkeit und wie man einen wäßrigen Auftrag dunkler, schwerer Farben beherrscht, die den Eindruck regnerischer Berge vermitteln.
Zunächst zeichnet man mit einem Bleistift die Umrisse der Häuser, die mit Rubbel-Krepp isoliert werden. Der Pinsel muß sofort gründlich in Wasser ausgewaschen werden, damit die Borsten nicht beschädigt werden.
Wenn das Rubbel-Krepp getrocknet ist, wird stark verdünnte Siena natur über das ganze Blatt gemalt; in die linke obere Ecke etwas Kobaltblau einmischen. Gebrannte Umbra mit etwas Ultramarin vermischen und mit diesem Gemisch den Vordergrund unterhalb der Häuser und Teile des Hintergrundes überziehen. Dann das Papier trocknen lassen.

2. Stufe
Feuchten Sie nun den oberen rechten Teil des Himmels und Teile des Blattes oberhalb der Häuser an, und mit einem Gemisch von Ultramarin und etwas Schwarz überziehen Sie dann die obere Bergkante. Dieses Farbgemisch verläuft weich in die befeuchteten Papierflächen, auf den trocken gebliebenen jedoch bekommt der Berg eine deutlich ausgeprägte Kante.

3. Stufe
Jetzt müssen Sie den Berg weiter ausarbeiten und hinter den Häusern eine unregelmäßig gestaltete, dunkle Fläche malen. (Da die Häuser abgedeckt sind, können Sie unbesorgt über sie hinweg malen.) Mit einem feinen Pinsel wird der große Baum besser gestaltet. Und nun kommt ein etwas aufregender Augenblick: Mit dem Zeigefinger reiben Sie vorsichtig die Abdeckung der Häuser fort und legen das helle Papier frei.
Eines der Häuser wird mit Siena natur lasiert und das Dach sowie die Fenster und die Giebelwand mit gebrannter Umbra verstärkt. Hier und da noch einige zu hell gebliebene Flächen dunkler ausmalen, und das Bild ist fertig.

1. Stufe

2. Stufe

3. Stufe

Landhaus – siehe Text Seite 2 und 3

Ausschnitt 1

Ausschnitt 2

Ausschnitt 3

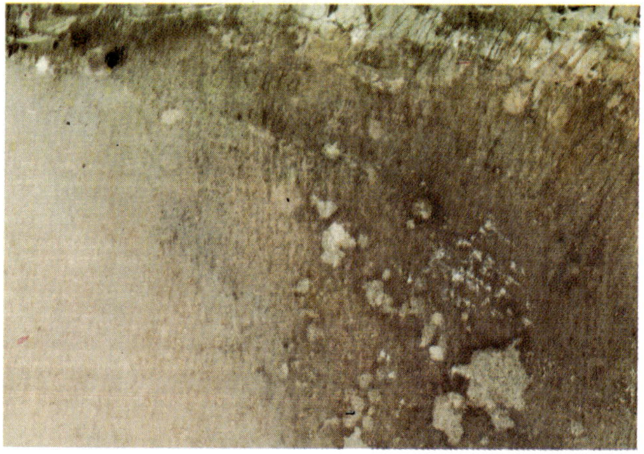
Ausschnitt 4

Weg im Nebel - die Techniken

Ausschnitt 1
Befeuchten Sie das Blatt im Hintergrund (der obere Teil muß trocken bleiben), und malen Sie die Baumstämme mit einem mäßig feuchten Pinsel. Da das Blatt oben trokken geblieben ist, erhalten die Stämme dort schärfere Umrisse. Dann fügen Sie die Äste hinzu mit dem Holzende eines Pinsels, das Sie in Farbe getaucht haben. Auch hier werden die oberen Äste schärfer als die unteren, und es entsteht ein reizvoller Gegensatz zwischen den scharfen, sozusagen, gekritzelten Zweigen im Vordergrund und den unscharfen Ästen und dem Blattwerk weiter hinten.

Ausschnitt 2
Mit einer Wachskerze reiben Sie nun vorsichtig über Teile jener Fläche, wo die Steinmauer stehen soll. Darüber ziehen Sie eine weiche Farbe, während Sie die Mauerfugen mit dem Holzende eines Pinsels in dunklerer Farbe hinzufügen. (Wenn das Papier trocknet, werden die Linien noch etwas dunkler und schärfer.) Hier und da mit Lösch-

Weg im Nebel – das fertige Bild

papier die Farbe wegsaugen, um hellere Flecken zu bekommen.

Ausschnitt 3
Mischen Sie sich Goldocker und etwas Siena natur zusammen, und malen Sie mit senkrechten Strichen eines Flachpinsels die Partie in der linken, unteren Bildecke. Noch während sie feucht ist, können Sie mit einer schmalen Tuschfeder dunklere Striche hinzumalen. Und mit einem dünnen, stumpfen Holzstäbchen kratzen Sie vorsichtig einige helle Linien in diese Graspartie.

Ausschnitt 4
Diese Fläche ist mit leichten Abstufungen dunkel lasiert worden. Die unregelmäßigen Flecken sind mit Löschpapierecken hervorgerufen worden; wünscht man sie größer, kann man Löschpapier mit einer Fingerspitze kräftig auf das Blatt drücken. (Natürlich muß es dann auf einer harten Unterlage liegen!)

Walisisches Bauernhaus

Die Techniken

Ausschnitt 1
Diese Feldsteinmauer ist bedeutend dunkler und größer als die Mauer auf S. 8, Ausschnitt 2. Die Grundfarbe macht einen sehr düsteren Eindruck, der erst aufgelockert wird durch die Flecken hellerer Farbe; wickeln Sie einen Baumwollappen um Ihre Zeigefingerspitze, und drücken Sie damit an verschiedenen Stellen kräftig auf die noch feuchte Farbe.

Ausschnitt 2
Die Türöffnungen sind nichts anderes als schwarze Löcher, bis Sie den Rahmen, den Türsturz und die Schwellen einzeichnen. Nehmen Sie dafür eine schmale Tuschfeder, die Sie in Aquarellfarbe tunken.

Malanleitung

Format: 299 x 299 mm; Papier Bockford 425 g; Pinselgrößen 12, 8, 6.

1. Stufe
Das fertige Bild vermittelt eine düstere, feuchtkalte Atmosphäre, die durch mehrfaches Übereinanderlegen dunkler Farben hervorgerufen wird. Kräftige Akzente bilden die hellen Flächen, die man von Beginn an sorgfältig aussparen muß. Zeichnen Sie als erstes mit dünnen Bleistiftstrichen den Umriß des Hauses mit den Fenstern und Türen, und deuten Sie auch die Tür des Schuppens an. Dann decken Sie Hauswand und Schornsteine mit Rubbel-Krepp ab und überziehen fast das gesamte Bild mit einem blassen Grau, dem Sie oben rechts etwas Blau und im Vordergrund etwas Siena natur und Zinnoberrot hinzufügen: Warme Farben im Vordergrund holen ihn nach vorn. Versuchen Sie bitte nicht, das Dach hervorzuheben – es ist dasselbe Grau wie der Hintergrund.

Ausschnitt 1

Ausschnitt 2

Dann saugen Sie noch Farbe weg vom Pfad, der zur Eingangstür führt und lassen das Blatt trocknen.

2. Stufe
Deuten Sie nun den dunklen Berg im Hintergrund an, wobei sie der Bergkante eine scharf ausgeprägte Kontur geben. Mit einem nur mit Wasser befeuchteten Pinsel waschen Sie etwas Hintergrundfarbe oberhalb des Daches wieder weg, den Pinsel sollten Sie dabei, der Bergkante folgend, schräg nach unten führen. Über das Dach jedoch sollte er waagerecht geführt werden, und ziehen Sie kleine, helle Farbstriche vom Ansatz beider Schornsteine ausgehend. Wenn Sie dann den dunklen Hintergrund um die Seiten des Hauses nach vorn zur Mauer fortsetzen, schaffen Sie ein verbindendes Bildelement; hier und da feuchte Farbe wegsaugen, um helle Flecken für die unterschiedlichen Strukturen vorzubereiten. Wenn der Pfad zu scharf begrenzt ist, können Sie die Kanten mit einem feuchten Pinsel etwas auflockern; er sollte aber nicht mit Farbe übermalt werden. Mit einigen Strichen dunkler Farbe dem Vordergrund noch mehr Struktur verleihen.

3. Stufe
Verdunkeln Sie den Hintergrund etwas in Richtung Dachkante, doch lassen Sie den Kontrast nicht groß werden. Waschen Sie dann die Bergkante etwas aus, um neblige, feuchte Luft anzudeuten. Aus der blauen Fläche des Himmels eine Partie Farbe entfernen (anfeuchten und weglöschen), damit durch den hervortretenden hellen Papieruntergrund der Eindruck erweckt wird, die Sonne stände hinter dem Berg. Mit dunkler Farbe Hintergrund und Vordergrund mehr ausarbeiten. Vor der Mauer können Sie mit dem Holzende des Pinsels einige Linien in das feuchte Papier kratzen und dadurch Grashalme darstellen. Und dann das Blatt wieder trocknen lassen.

4. Stufe
Entfernen Sie jetzt den gesamten Rubbel-Krepp, und ziehen Sie die feinen Linien um Tür und Fenster mit einer sehr schmalen Tuschfeder. Mit schwarzer Farbe die Öffnungen ausfüllen und über die Hauswand ein sehr blasses, unregelmäßiges Blau-Grau lasieren. Am Berghang und im Vordergrund ein oder zwei helle Flecken hervorkratzen. Der Mauer müssen Sie noch mehr Struktur geben, sie ist zu flach: Mit einer Pinselspitze, die in pigmentreiche, dunkle Farbe gestippt wurde, malen Sie die Fugen zwischen den Steinen. Von einigen Steinen löschen Sie die Fabe ein wenig ab, andere wiederum füllen Sie mit etwas gebrannter Umbra aus, um der Mauer ein ehrwürdiges Alter zu geben. Am oberen Rand Grashalme mit Pinselspitze oder Tuschfeder andeuten - einige genügen -, während die Torpfosten und die oberen Steine scharf umrissen werden.

5. Stufe
Die hellen Partien im Vordergrund können Sie hervorheben, wenn Sie die Umgebung dunkler malen; vorher sollten Sie jedoch das Papier hier und da anfeuchten. Mit einem Holzstäbchen, das in Farbe getaucht wurde, einige Steine nacharbeiten, und kratzen Sie auch mit einem sauberen Stäbchen vergilbte Grashalme, die vor und in der Mauer wachsen, in das Papier. Mit einem blassen Schiefergau die Torpfosten sowie ein oder zwei Steine verdeutlichen und die Hauswand ungleichmäßig überziehen (es ist wichtig, daß sie eine fleckige, verwaschene Oberfläche bekommt). Mit einem feuchten, aber sauberen Pinsel sollten Sie die dunklen Tür- und Fensteröffnungen etwas verwischen, um die Tiefe der Räume dahinter anzudeuten, und über das Dach einige waagerechte Striche mit einer Feder und einem Holzstab ziehen. Durch das Regenrohr bekommt die Hauswand mehr Leben. Und vergessen Sie nicht, den Schuppen etwas auszuarbeiten: mit einer Feder ein paar rostige Nägelköpfe und Bretter andeuten. Durch die Scharniere und den Türriegel bekommt er den letzten Schliff.
Während das Blatt austrocknet, können Sie mit einem feinen Pinsel und einer Tuschfeder, wo nötig, die Konturen etwas verschärfen und auch die Zaunpfähle und den Stacheldraht hinzufügen. Schließlich noch mit einer Rasierklinge oder einem scharfen Federmesser ein paar helle Flecken am Berghang, an der Mauer und der Schuppenwand hervorschaben.

1. Stufe

2. Stufe

3. Stufe

4. Stufe

Walisisches Bauernhaus – das fertige Aquarell

Bäume am Wegrand

Die Techniken

Ausschnitt 1
Die entfernteren Bäume werden mit den senkrechten Strichen eines runden Pinsels gemalt, die im Vordergrund hingegen mit den waagerechten Bewegungen eines Malmessers, das in Farbe getaucht wird. Dadurch bleiben kleine Partien frei, und die Stämme bekommen die Oberfläche lebendiger Rinde.

Ausschnitt 2
Mit der Kante einer Wachskerze wurden die Umrisse einiger Steine skizziert, bei anderen mit einer breiteren Seite der Kerze die ganze Fläche gewachst. Dann habe ich die Steine mit Farbe überzogen und, solange sie noch naß war, mit dem spitzen Ende eines Holzstäbchens dunkle, verlaufende Pigmentflecken hineingesprenkelt.

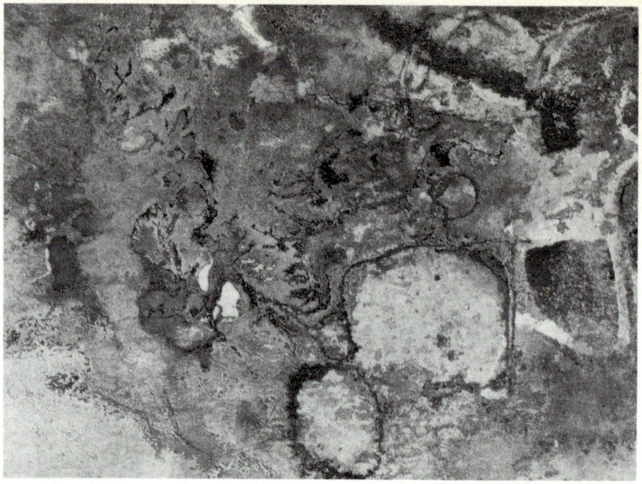

Ausschnitt 2

Ausschnitt 3
Das Blatt mit einer wässrigen Lösung aus Kadmiumrot überziehen und trocknen lassen. Dann einige Partien leicht mit der Wachskerze einreiben. Wenn danach eine dunklere Farbe aufgetragen wird, stößt das Wachs die Farbe ab, und eine fleckige Oberfläche entsteht. Grashalme kann man mit einer feinen Tuschfeder zeichnen.

Ausschnitt 1

Malanleitung

Format: 178 x 178 mm; Papier TH Saunders rauh 295 g; Pinselgrößen 12, 8, 6.

1. Stufe
Mit einem großen Pinsel müssen Sie zunächst die Hintergrundfarben schaffen: in der oberen Hälfte verdünntes Kadmiumrot mit etwas Kobaltblau, in der unteren mehr Rot und nur wenig Blau. Sind die Farben halbtrocken, fügen Sie für die unscharfen Bäume im Hintergrund noch mehr Kobaltblau hinzu; malen Sie mit Pinselstrichen von oben nach unten. In den feuchten Vordergrund drücken Sie hier und da eine Pinselspitze mit den Gemischen aus Siena natur/Umbra gebrannt und Kobaltblau/Umbra gebrannt.

2. Stufe
Wenn das Blatt ganz trocken ist, verstärken Sie vorsichtig die Bäume mit etwas mehr blassem Kobaltblau, das sie ein wenig in den Vordergrund hinein ausdehnen und dessen untere Kante Sie mit einem feuchten, aber farblosen Pinsel verwischen.

3. Stufe
Um die Erde über den Bamwurzeln zu verstärken, mischen Sie nun etwas Umbra gebrannt in die noch feuchte Partie. Ist der Himmel getrocknet, malen Sie die Birken im Vordergrund mit der Kante eines kleinen Palettmessers in kurzen, waagerechten Strichen. Um den Eindruck von Birkenrinde zu verstärken, können Sie die Stämme an einigen Stellen mit einer Rasierklinge freischaben. Die paar Steine im Vordergrund decken Sie jetzt ab mit der *Maskierungsflüssigkeit*.

4. Stufe
Den Vordergrund müssen Sie jetzt stärker hervorheben mit Umbra gebrannt, dem Sie hier und da etwas Ultramarin untermischen, und von seiner feuchten Kante her ziehen Sie mit einer Feder oder einem Fingernagel Farblinien nach oben und deuten damit vergilbtes Gras an. Schließlich fügen Sie noch den dritten Baum im Vordergrund hinzu.

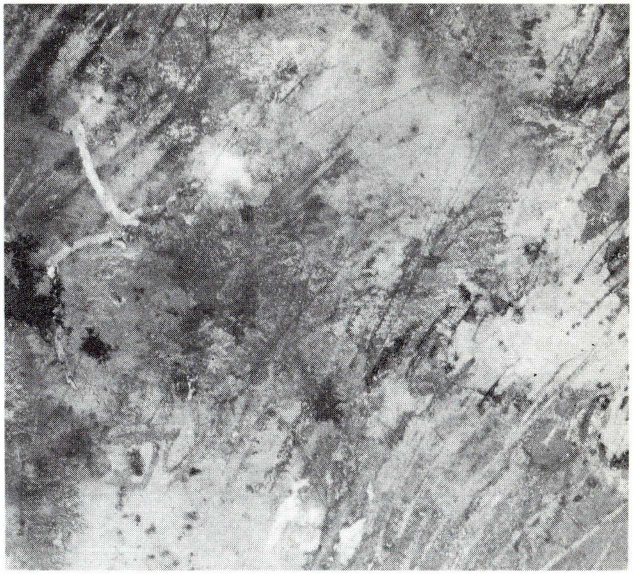

Ausschnitt 3

5. Stufe
Befeuchten Sie nun willkürlich gewählte Partien im Vordergrund, und geben Sie ihnen mehr Ausdruck, indem Sie dunklere Töne der bisher verwendeten Farben hineinarbeiten. Dem Vordergrund links können Sie mehr Struktur verleihen, indem Sie normale Tinte auf das getrocknete Papier pinseln, sie teilweise trocknen lassen und auf den Rest einen Lappen drücken, der von einer grobgestrickten Weste o. ä. stammt. Das ergibt einen punktierten Effekt mit scharfumrissenen, kleinen Formen, wie auch deutlich zu sehen ist auf den hellen Steinen und im Gras rechts im Bild. Fügen Sie auch noch die Birke am rechten Bildrand sowie mit einem Holzstäbchen weitere Äste hinzu.
Solange im Vordergrund noch Teile des Papiers feucht sind, sollten Sie das Gras mit einer schmalen Tuschfeder einzeichnen: auf den trockenen Partien ergibt das schärfere Striche. Die Zaunpfähle malen Sie mit einem Pinsel, während der Stacheldraht besser mit einer Feder darzustellen ist. Wenn alles gut trocken ist, reiben Sie den Rubbel-Krepp-Film weg, und Ihr Bild ist fertig.

1. Stufe

2. Stufe

3. Stufe

4. Stufe

Bäume am Wegrand – das fertige Bild

Himmel bei Sturm

Manchmal frage ich mich, ob ich mich nicht zu sehr auf die beschriebenen Techniken versteife, und bei solchen Gelegenheiten versuche ich das Gleichgewicht wiederherzustellen, indem ich ein Aquarell in der traditionellen Methode male. Das habe ich mit dem Bild „Himmel bei Sturm" unternommen (s. S. 19). Zuerst habe ich die Felder und Hügel mit Siena natur überzogen und auf eine deutliche Abgrenzung gegen den Himmel geachtet. Nach dem Trocknen malte ich ein sehr blasses Grau in den Himmel, das ich hier und da mit etwas dunkleren grauen und blauen Partien belebte. In diese noch leicht feuchten Farben malte ich in die Mitte des Bildes mit schräg abwärts gerichteten Strichen ein blasses Gelb, um entfernten Regen anzudeuten. So habe ich fast das ganze Bild in dieser traditionellen Technik hergestellt. Die Hecken in der Landschaft malte ich auf das leicht feuchte Papier mit Umbra gebrannt, und als das Blatt getrocknet war, fügte ich einige Bäume und ein paar winzige Bauernhäuser hinzu. Am Ende konnte ich dann doch nicht der Versuchung widerstehen, etwas Farbe vom oberen Teil des Himmels abzusaugen und mit einer flach gehaltenen Rasierklinge in der linken Bildhälfte schräge Striche in den Himmel und die fernen Hügel zu schaben, um den Eindruck von Regen zu vestärken.

Berg: Malanleitung

Format: 180 x 180 mm; Papier: Bockingford 295 g; Pinselgrößen 12, 8, 6.

1. Stufe
Fertigen Sie eine einfache Bleistiftzeichnung mit den wichtigsten Umrissen der Landschaft an, und dann dekken Sie den Himmel, einige Partien des Berghanges und der Felder sowie die Gebäude mit Rubbel-Krepp ab. Nachdem der Film getrocknet ist, beginnen Sie, mit sehr hellen Farben das unbedeckte Papier zu überziehen. Je zarter sie diese Farben anrühren, um so kunstvoller, empfindsamer wird das fertige Bild sein.

2. Stufe
Malen Sie nun blasses Hookersgrün an den Fuß der Berge und Siena natur in den Vordergrund. Solange der Vordergrund noch feucht ist, setzen Sie einige Pinselstriche mit Umbra gebrannt und ein wenig Ultramarin hinzu.

3. Stufe
Ehe der erste helle Farbauftrag oben am Berg austrocknet, sollten Sie etwas Kadmiumrot und Ultramarin untermischen. Nun muß das Blatt völlig trocknen, und erst dann tragen Sie am Berghang einige Striche Schwarz auf, dessen obere Kante mit einem feuchten Pinsel etwas abgeschwächt wird, während die untere sich scharf und hart vom Kadmiumrot abhebt.

4. Stufe
Um die Geröllhalden an den Berghängen darzustellen, malen Sie schwarze, wasserfeste Tusche mit einem Pinsel auf das Papier und lassen sie leicht eintrocknen. Dann fügen Sie wieder etwas Wasser hinzu, etwa in die Mitte der Tuschfläche, und tupfen es trocken, wodurch eine unregelmäßige, fleckige Fläche entsteht. Ich wende diese

Himmel bei Sturm

Technik mit Tusche nur sehr selten an, da sie die helleren, zarteren Aquarellfarben zu leicht erdrückt, aber sie ist außerordentlich wirkungsvoll für rauhe, lebhafte Flächen.

5. Stufe
Jetzt muß das Papier wieder völlig trocknen, und erst dann können Sie den Rubbel-Krepp-Film vorsichtig wegreiben und auf die freigelegten Flächen helle Farbe auftragen. Um die felsige Struktur des Berges zu verstärken, können Sie kleine Tupfer dunklerer Farbe hinzusetzen. Feuchten Sie die Talmitte wieder an, und mit einem in Schwarz getauchten Stäbchen deuten Sie Hecken und halbzerfallene Steinmauern an. Für die feineren Einzelheiten am Berg und besonders bei den Häusern nehmen Sie eine Tuschfeder mit Aquarellfarbe; solche gekritzelten Linien bringen einen Brennpunkt in das Bild. Lassen Sie das eine Haus weiß wie das Papier, und betonen Sie es noch durch einen dunklen Hintergrund. Den Himmel leicht tönen mit schwachem Ultramarin und etwas Schwarz; nur an seiner tiefsten Stelle bleibt er hell wie das Papier.

1. Stufe

2. Stufe

3. Stufe

4. Stufe

Berge – das fertige Bild

Flußmündung bei Ebbe

Die Technik

Ausschnitt 1 und 2
Um eine deutlich begrenzte Silhouette der dunklen Häuser gegen einen hellen Himmel zu schaffen, habe ich fast den gesamten Himmel einschließlich der entfernten Hügel mit Rubbel-Krepp abgedeckt. Dann wollte ich zwischen dem Vordergrund und den Wattstreifen vor den Häusern helle Partien für das Wasser zurückbehalten. Diese deckte ich ebenfalls ab und nahm dafür einen Borstenpinsel, um scharfe, helle Striche zu bekommen.

Ausschnitt 1

Malanleitung

Format: 356 x 254 mm; Papier 295 g, rauh; Pinselgrößen 12, 8, 6, 00.

1. Stufe
Zeichnen Sie zunächst mit einem Bleistift die Umrisse der Gebäude und der hellen Wasserpartien. Dann decken Sie das Papier hinter den Gebäuden und auf dem Wasser mit Rubbel-Krepp ab. Nehmen Sie dafür einen Borstenpinsel.

2. Stufe
Wenn das Rubbel-Krepp getrocknet ist, lasieren Sie das ganze Blatt mit einer Mischung aus Ultramarin und ein bißchen Schwarz und fügen im Vordergrund gleich noch etwas Krapplack Alizarin dunkel hinzu, wodurch sich hier eine violette Tönung ergibt. Bevor diese Partie eintrocknet, tupfen Sie mit einem Stäbchen, das mit einem Lappen umwickelt wurde, und kleinen, gefalteten Ecken des Lappens hier und da etwas von dem Violett wieder weg, um ein steiniges, schlammiges Ufer anzudeuten.

Lassen Sie diese Farben fast vollkommen trocknen. Dann werden sie mit demselben Gemisch Ultramarin/Schwarz in waagerechten Strichen übermalt; am besten nehmen Sie hierzu einen Borstenpinsel. Fügen Sie auch einige Pin-

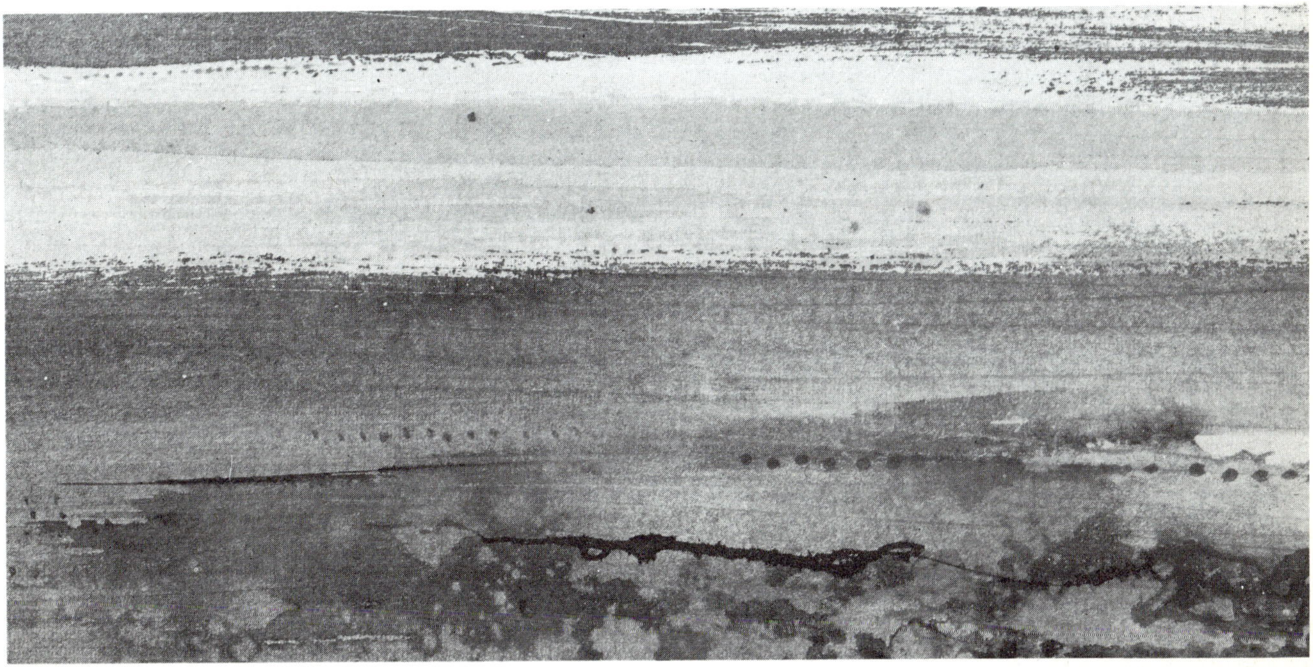

Ausschnitt 2

1. Stufe

2. Stufe

3. Stufe

4. Stufe

selstriche mit einem Gemisch aus Hookersgrün und Pariserblau dem Wasser im Vordergrund zu.

3. Stufe
Lassen Sie das Blatt wieder trocknen, und dann reiben Sie den Rubbel-Krepp-Film weg. Jetzt haben Sie die Gebäude und Wattpartien in harten, dunklen Umrissen.

4. Stufe
Die hellen Partien des Himmels werden nun mit einer wässrigen Aufschwemmung von Lichtem Ocker überzogen, zum oberen Bildrand hin verdunkeln Sie den Himmel mit einem mittleren Blaugrau. Der Horizont jedoch sollte vollkommen frei bleiben. Mit demselben Blaugrau verkleinern Sie nun die Wasserfläche etwas, so daß nur einige schmale Streifen übrigbleiben, die das Himmelslicht reflektieren. Falls nötig, verstärken Sie die Gebäude mit dunklem Blaugrau. Tönen Sie den Schlickstreifen davor mit dunklem Krapplack.

5. Stufe
Jetzt kommen die letzten Feinheiten, so z. B. die beiden

Flußmündung bei Ebbe – das fertige Bild

Boote und einige Fenster an der Giebelwand des großen Hauses; nehmen Sie hierzu einen feinen Pinsel. Ergänzen Sie auch den Horizont durch blasse, blaugraue Hügel, und geben Sie ihnen scharfe Begrenzungen gegen den hellen Himmel. Dadurch ergibt sich ein reizvoller Kontrast zu den verschwommenen, dunkleren Farben am oberen und unteren Bildrand. Die Schlickpartie vorn rechts muß aufgelockert sein durch Steine, kleine Wasserpfützen und eine etwas unregelmäßige Farbgebung.

Dies ist ein einfacheres Aquarell, dem nur wenig hinzugefügt wurde nach dem Auftragen der ersten Farben. Durch den Gebrauch eines Borstenpinsels ergibt sich ein ausgezeichneter, streifiger Effekt auf der Wasseroberfläche, und die fast ausschließlich bläulichen Farbtöne lenken das Interesse auf den hellen Himmel in der Ferne.

Bauernhaus

Die Technik

Ausschnitt 1
Lasieren Sie außer dem Himmel das gesamte Bild mit einem sehr schwachen Siena natur. Nachdem dies getrocknet ist, ziehen Sie genaue Linien für die Steinmauern mit der Kante eines Malmessers, die mit Rubbel-Krepp benetzt ist. Mischen Sie dann Hookersgrün mit Siena natur, und überziehen Sie damit die grünen Felder. Nach dem Trocknen entfernen Sie das Rubbel-Krepp.

Ausschnitt 2
Decken Sie nun die Steinmauer und Gebäude des Bauernhauses über dem ersten Farbauftrag mit Rubbel-Krepp ab. Tunken Sie einen Pinsel in Rubbel-Krepp, und spritzen Sie kleine Tropfen davon auf den steilen Abhang im Vordergrund (s. das fertige Bild). Dann malen Sie die Bäume und die dunklen Flächen im Vordergrund in das Bild, und wenn sie getrocknet sind reiben Sie den Abdeckfilm fort - dadurch legen Sie die Gebäude und Mauern mit Ihrer hellen Siena natur frei. Zeichnen Sie mit einer feinen Tuschfeder und Aquarellfarbe Einzelheiten ein.

Ausschnitt 3
Sie sollten nicht den Versuch unternehmen, einzelne Bäume malen zu wollen. Es ist besser, wenn Sie eine weichbegrenzte grüne Fläche aquarellieren und diese als eine Gruppe von Bäumen definieren durch Einzeichnen von Ästen mit einer Tuschfeder und Farbe oben in die Baumkronen.

Ausschnitt 4
Malen Sie diese Bäume ebenso wie in Ausschnitt 3, doch verstärken Sie die Stämme mit einem Holzstäbchen, das in dunklere Farbe getaucht wurde, und das Sie durch die noch feuchte Grundfarbe ziehen.

Bauernhaus - das fertige Bild
Beginnen Sie, wie in den Anmerkungen zu Ausschnitt 1 und 2 beschrieben. Dann überziehen Sie den Himmel mit einem einförmigen Kobaltblau, das Sie links ein wenig aufsaugen, um von dort etwas Licht zu bekommen. Pinseln Sie auch etwas Siena natur unter bzw. zwischen die Gebäude.
Befeuchten Sie nun die untere Hälfte des Blattes, und malen Sie weiche, verschwimmende Farbtöne von Blaugrau und Krapplack Alizarin dunkel in die Mitte. Fügen Sie auch etwas Umbra gebrannt und Ultramarin sowie Hookersgrün hinzu. Neigen Sie nun, solange das Blatt noch naß ist, die Malunterlage in verschiedene Richtungen, damit die Farben ineinander verlaufen. Kleine Flächen hier und da mit einer Löschpapierecke aufsaugen, um helle Flecken zu schaffen. Und mit einem unregelmäßig um den Zeigefinger gewickelten Lappen tupfen Sie noch mehr Farbe ab, damit hier eine lebendige Fläche entsteht.
Lassen Sie das Blatt wieder trocknen, und falls noch ein Abdeckfilm zurückgeblieben ist, reiben Sie ihn weg. Malen Sie die Bäume hinter den Gebäuden und in der Schlucht vorn rechts wie in den Anmerkungen zu Ausschnitt 3 und 4 vorgeschlagen. Die Hauswände werden mit einem weichen Grau übermalt, dem ein bißchen Lichter Ocker zugefügt worden ist - Grau allein wäre zu kalt. Und schließlich zeichnen Sie mit einer Tuschfeder und Aquarellfarbe die aufgeschichteten Feldsteinmauern, Dachkanten, kleinere Türöffnungen, Steine, Äste und ähnliche Einzelheiten.

Nächste Seite: Einfarbige Studie des Bildes „Bauernhaus" auf S. 29. Vergleichen Sie diese beiden Bilder sorgfältig. Die Studie zeigt deutlich das Gleichgewicht der verschiedenen Schwarz-Weiß-Töne und Strukturen im Vergleich zu dem fertigen Bild in Farbe.

G. John Blockley

Ausschnitt 1

Ausschnitt 2

Ausschnitt 3

Ausschnitt 4

Bauernhaus – das fertige Bild

Landschaften: Zeichnen Sie so oft es geht und bei jedem Wetter

Der Autor

John Blockley hat sein Atelier in einem Haus aus dem 16. Jahrhundert in den Cotswolds Hügeln bei Bristol, England. Er malt mit Aquarellfarben, weil „sie den Techniken Spontaneität verleihen, mit denen er Strukturen und Licht einfängt". Er verbringt viel seiner Zeit beim Zeichnen in der Natur und malt seine Aquarelle danach im Atelier. Er hat viele Einzelausstellungen beschickt, und viele seiner Aquarelle sind in Sammlungen der ganzen Welt wiederzufinden. Während des Sommers veranstaltet er eigene Malkurse in verschiedenen Teilen Großbritanniens. Er war mehrere Jahre im Direktorium des Royal Institute of Painters in Watercolours und in der Pastel Society tätig.

Text, Entwürfe und gemalte Bilder sind von John Blockley.
Deutsche Lizenzveröffentlichung der englischen Originalausgabe „Creative Watercolour Techniques".

Deutsche Ausgabe:
Übersetzung und Redaktion:
Joachim und Theda Schulze-Langendorff

ISBN 3-419-52814-0 · 1. Auflage 1980